# FROHE WEIHNACHTEN, ELMAR

W0239789

David McKee

CARLSEN

Elmar, der bunt karierte Elefant, freute sich. Nur noch zwei Tage, dann kam endlich der Weihnachtselefant! Die kleinen Elefanten waren schon ganz aufgeregt.

»Kommt, ihr Rasselbande!«, rief Elmar. »Wir holen den Baum.« Tobend und lachend rannten die kleinen Elefanten hinter ihm her.

»Gehen wir jetzt dahin, wo der Weihnachtselefant wohnt?«, fragten sie. »Ganz in seine Nähe«, sagte Elmar. »Hast du ihn schon einmal gesehen, Elmar?« Elmar grinste. »Oh ja«, sagte er. Auf dem letzten Stück des Weges wollten sie von Elmar alles über den Weihnachtselefanten wissen.

Sie stiegen höher und immer höher. Als sie den Urwald hinter sich gelassen hatten, gab es nur noch Tannen. Und dann sahen die Elefantenkinder zum ersten Mal in ihrem Leben Schnee. Der Weihnachtselefant war jetzt erst einmal vergessen.

»Wenn die Kinder morgen den Weihnachts-
elefanten sehen wollen, müssen sie sich verstecken. Denn wir haben es schrecklich eilig und schaffen es sonst nicht«, flüsterte der Elch Elmar zu.

Elmar wählte einen Baum aus, den sie später einfach wieder zurückbringen konnten. Die kleinen Elefanten halfen ihm beim Tragen. Es war spät geworden. »Wenn wir nach Hause kommen, geht ihr sofort ins Bett«, sagte Elmar. »Morgen haben wir viel zu tun.«

Am nächsten Tag schmückten alle zusammen den Baum. »Und jetzt noch die Geschenke!«, riefen die kleinen Elefanten.

Die hübsch eingepackten Geschenke wurden unter den Baum gelegt. Als alles fertig war, kamen die anderen Tiere und bestaunten das Ergebnis. »Wunderschön!«, sagten sie.

Sobald die großen Elefanten in dieser Nacht schliefen – oder zumindest so taten –, rief Elmar die Kinder zusammen.

»Heute dürft ihr den Weihnachtselefanten sehen«, versprach er.
»Aber ihr müsst euch verstecken, damit er euch nicht bemerkt.«

Als der Weihnachtselefant kam, half ihm Elmar, die Geschenke in den Schlitten zu laden. »Vielen Dank, Elmar«, sagte der Weihnachtselefant. »Ich bin froh, dass niemand uns gesehen hat.«

Dann flog der Weihnachtselefant weiter und die Kinder stürmten aus ihren Verstecken. »Wir haben den Weihnachtselefanten gesehen! Wir haben den Weihnachtselefanten gesehen! Aber er hat unsere Geschenke mitgenommen!« Elmar lachte. »Ja klar! Dies ist die Zeit des Schenkens. Der Weihnachtselefant nimmt unsere Geschenke mit und verteilt sie an die Kinder, die sie dringend brauchen.«

Als alle Elefanten tief und fest schliefen, schlich Elmar leise von Elefantenkind zu Elefantenkind. Neben jedes legte er ein Geschenk, das der Weihnachtselefant nur für sie dagelassen hatte.